# PARACONSISTENCIA

# PARACONSISTENCIA

## MAURICIO MALDONADO MUÑOZ

Valparaíso
EDICIONES

Número 471 de la Colección VALPARAÍSO DE POESÍA
dirigida por FEDERICO DÍAZ-GRANADOS

Diseño de colección y portada: Chari Nogales

Primera edición: marzo de 2025

© De los poemas: Mauricio Maldonado Muñoz
© Imagen de portada: Marcela Ribadeneira

© Valparaíso Ediciones
C/ Fray Leopoldo, 7 bajo, 18014 Granada
www.valparaisoediciones.es

ISBN: 979-13-87538-28-6
Depósito Legal: GR 330-2025

Impreso en España - *Printed in Spain*
Gráficas Gami

# PARACONSISTENCIA

*A Andrea y Antonia,*
le conseguenze dell'amore

*La duda persistía en la mente de Rieux.*
*Era la peste y no era la peste.*
ALBERT CAMUS, *LA PESTE*

*Como el que ve ante sí súbitamente*
*algo que le produce maravilla,*
*y cree y no cree, y dice: «Sí es… no es…»,*
*así quedó Sordello.*
DANTE ALIGHIERI, *LA DIVINA COMEDIA*

# MEMORIA

La memoria del universo:
la mente omnisciente, el ser omnipresente,
para siempre borrados.

Un día nos serán arrebatadas las palabras
y ya no podremos recordar.

Quedará solo la interminable roca:
girando en sí, en torno al astro,
en vaivenes y círculos y de nuevo lo mismo.

Ya nadie sabrá de aquel hombre divisando el cielo,
del telescopio propicio y de la inquisición.

Será cancelado el último suspiro
y la última bocanada de humo
del último cigarro de la historia.

Y otra vez será como el incendio de la biblioteca de Alejandría:
la página nunca hallada,
para siempre perdida, para siempre ignorada.

En el principio era el *Big Bang*.
Y después una danza
(infinita y lenta) de estrellas vagando sin sentido.

En el final, también terrible,
no quedará sino un lánguido ruido.

# MALDONADO

*Y «C'est mal donné», gritaba*
*«C'est mal donné», despechado*
ÁNGEL SAAVEDRA, DUQUE DE RIVAS, *MALDONADO*

¿Saben los deterministas que he decidido andar en una pata,
golpearlos con la zarpa, burlar a mis verdugos,
correr como animal herido, dando coces?

No saben, no pueden saber,
que si aún pudiese pasear por las calles del centro,
pedir una cuantiosa cena,
y tragar y beber, y tragar y beber,
lo haría de mala gana.
(Maldonado significaba eso en el castellano antiguo:
de mala gana, contra la propia voluntad.)

«Algo de ti, de tu nombre, te ha determinado.
Serás tú aquel que ha de rasurar al barbero,
el que ha de rasurarse a sí mismo»,
decía ayer una voz,
en un sueño.

# SORITES

*Arena dije y nada dije sino las cinco letras de su nombre,*
*nada sino sus sílabas errantes que la brisa mueve.*
JORGE ENRIQUE ADOUM, *EL AMOR DESENTERRADO*

He agarrado un montón de arena
y, con paciencia,
he ido sacando un grano cada vez.

Uno a uno,
durante ocho horas al día.

En ocasiones me he permitido largos almuerzos,
sobremesas.

A menudo he pensado en la envidia de los oficinistas,
constreñidos a almorzar en una hora,
a pagar una multa
en el cerdito de los atrasos.

Sin embargo, jamás he abandonado mi cometido,
demasiado simple:
saber en qué momento
–exactamente en qué momento–
el montón de arena dejará de ser un montón.

# NOCHEVIEJA

En cuanto se consume el monigote que te despide, me pregunto:
¿Qué año será hoy?
¿Dónde he perdido la memoria y las gracias del calendario?

Jano nos mira,
a él nos consagramos.

Los fuegos artificiales no dejan de explotar
y los perros ladran y se esconden.

(He descendido a los cielos,
como también se asciende a los infiernos:
estas palabras no quieren decir gran cosa.)

Yo cuento los años *ab Urbe condita*:
para salvar lo que de la civilización tenemos,
para criar una orquídea en la maleza,
julianos y gregorianos han de disputarse el tiempo.

Tiempo, que me darás consuelo, dolor, miedo...

¿Pero dónde dormirán las gentes de las calles?
¿Cuándo llegará el día en que no se venderán rosas
        en los semáforos?
¿Esperanza en los santuarios?

Porque herido, de heridas abiertas y sal y quemaduras,
he venido de nuevo:
fósforo en mano para los años viejos.

De mi país solo tengo la certeza de las montañas
    y la calma del mar.
De la arena he rescatado el reposo tenue,
la actitud del primer hombre de la historia en descubrir
    las cavernas,
el fuego, la pintura...

Todo lo demás tiene la forma del lenguaje.

# DINAMISMO DEL TIEMPO

No hay horóscopo,
quiromancia,
cartomancia,
cábalas,
que sean creíbles.

El mundo gira,
un estornino vuela,
una presa ha caído muerta por su cazador.

Sentado, de piernas cruzadas,
aparece ante mí un universo infinito.
Y es como si recordara el inicio del tiempo,
como si desde adentro hubiese visto esa explosión,
y hubiese recorrido el Universo.

Quásares, púlsares, soles muertos.
Todo lo he visto, todo ha sido mío.
He tenido la felicidad, el mundo a mis pies,
y ha sido nada.

He naufragado y he recibido una añosa botella,
con un añoso mensaje:
*«He dejado diez higos en la cesta».*
Puede ser el caso
–los semiólogos lo admiten–
de que *higos* signifique batallones y *cesta* un lugar determinado.

Mensaje tardío, batalla perdida.

He escuchado vuestros gritos,
visto caer vuestras legiones.
Viejo y cansado,
la piel curtida,
he asumido al fin mi naufragio.

Con paciencia he hecho una barca
(dos son demasiadas),
y he emprendido mi viaje.

Heme aquí para matar a mi abuelo.
Quisiera probar un punto:
los viajes al pasado son imposibles.

# AQUILES

Aun hoy Aquiles no adelanta a la tortuga.
Así será por los siglos de los siglos.

# BIFURCACIONES

He existido azarosamente en este tiempo.

Pero no ha de ser tan violenta esta vida que llevo,
ni tan dolorosa ni tan infeliz.

Un punto medio: el *aurea mediocritas*,
que es virtud y es defecto.

Cercano al final de los finales,
me veré al espejo, ya cansado,
pensando en el olor del café:
el café de la hacienda del abuelo.

En otro tiempo, no tendré jamás ese recuerdo:
el abuelo había perdido su hacienda en un juego de cartas.

Y como las cartas, el azar nos barajará de nuevo.

En algún caso nos hemos conocido:
para siempre lejanos o desnudos.
En otro, sin embargo, nos hemos ignorado:
sin saberlo, será también un trago amargo.

# A ROSE AND A MAN

*A snake is a thing. A person can be thousand things.*
DON DELILLO, *WHITE NOISE*

«*Una rosa es una rosa es una rosa*», sí,
perfumada aunque lleve cualquier nombre.
Shakespeare, Stein, Eco, etcétera.

Pero un hombre puede ser muchas cosas
   –Pico della Mirandola *dixit*–,
y sobre él no se puede iterar;
solo decir esto:

*Un hombre es los demás hombres:*
*un hombre, cualquier hombre,*
*es un producto azaroso*
*de polvo, tiempo y energía.*

*Un hombre es cualquier otro hombre,*
*al menos el día en que nace*
*y el día en que muere.*

*Allí, en la danza de Bergman que lleva al deceso,*
*en el cuadro de Klimt en que la medicina cede,*
*en el poema de Adoum en que el amor perdura,*
*pero más la muerte,*
*allí, en ese espacio, estamos todos juntos,*
*infinitos en nuestra mortalidad.*

# AÑO 34

Ahora que el día termina
no veo ante mí a las multitides de Orán
ni a las ratas ni a los murciélagos.

Solo un silencio burdo nos habita,
una mirada eterna ante la vida,
un soliloquio puro.

Postulado un tiempo infinito,
me verán escribir por lo menos una vez la Odisea,
tener una cola prensil, vivir bajo una piedra.

Postulado un tiempo infinito,
habitaré en los libros,
reencarnaré en un tuerto,
reinaré ante los ciegos.

Volveré de nuevo a las cosas simples y a las plantas,
al sol en el rostro,
a los muertos de antaño.

Nada sino la fuerza de los volcanes nuevos,
todo salvo la suerte de las golondrinas.

Nunca crucificado, jamás redimido,
apenas perdonado y acariciado por el viento de marzo.

Los Idus interesan a las estatuas y a los puñales.

Del diluvio no queda el arca en pie,
solo la leyenda de Gilgamesh: el primer héroe,
    el primer villano.

Olvidarás ya tu juventud,
transmutada en la piel de una serpiente nueva y radiante,
para siempre la misma.

# INSOMNIO

*Una poetisa muerta de cáncer en su juventud había dicho en uno de sus poemas que para ella, en las noches de insomnio, «la noche ofrece sapos, perros negros y cadáveres de ahogados». Era un verso que Eguchi no podía olvidar.*

YASUNARI KAWABATA,
*LA CASA DE LAS BELLAS DURMIENTES*

A la llegada de la última hora de la vigilia
el reloj viaja lentamente:
tic, tac, tic, tac, tic, tac.

La calma de la calle contrasta
con una habitación atiborrada de pensamientos:
dar vueltas en la cama, buscar el lado frío, ir a la cocina,
abrir un libro, ver la tele, meditar…

La noche ofrece entuertos,
sonidos lejanos y viajes homéricos.

La eternidad hecha en jirones,
la poeta de Eguchi,
el personaje de Sorrentino.

La penumbra es tan sublime que,
por un momento,
dan ganas de amar el insomnio:
la soledad tan sola, el alma de lo oscuro.

Amanece de nuevo,
un día millones de veces repetido:
levantar las persianas, beber un café, saltar al mundo.

# INTERPRETANDO

Este poema ha de interpretarse de la siguiente manera:

1) de acuerdo con la intención de su autor
2) de conformidad con el significado literal de las palabras que contiene
3) libremente según la intención de su lector
4) por analogía con otros poemas
5) como conteniendo un código secreto

# LA CALMA

Tal vez sea posible escrutar la penumbra
como nunca,
escudriñar en la oscuridad lo que esconde el levante,
escalar la escarpada montaña,
y ver, en la cima que lo domina todo,
tocando el sol o casi,
los días que pasaron
como hermosas bandadas que regalan su calma,
que dibujan figuras en el cielo,
y a las que
–de espaldas a la tierra–
les confiaste la paz que un día fue tuya.

# OLYMPE DE GOUGES

Un vistazo a la Plaza de la Concordia.
Fue aquí donde murió Olympe.

Una guillotina afilada.
La multitud
(acostumbrada a ver rodar cabezas)
aceptó la aniquilación.

Se trataba de otro más
–uno más a la lista–
de los sacrificios que la *Révolution*
exigía como ofrendas.

*Declaración de los Derechos de la Mujer y la Ciudadana.*
(¿Pero cómo?
¿Derechos de la mujer y la ciudadana?)
Yacía la cabeza de Olympe, recontramuerta.

Si es cierto lo que afirma la neurociencia hodierna,
unos segundos de conciencia le habrán sobrevivido:
la conciencia de la muerte, del final absoluto,
del trabajo inconcluso.

Antes de la cesta implacable quizás llegó a atisbar
a la muchedumbre.
Una última mirada a la plaza atiborrada,
y luego el mimbre definitivo:
otro capítulo cerrado con el acero.
Otra obra del Terror.

# LA MIEL

Batallones que han sacrificado su vida en nombre del honor,
de los territorios,
de la conquista y la civilización (lo sabía bien Yeats,
    sobre el César).

Pero no he de esconder que aún me duele la Cruzada
    contra los Cátaros,
que en el fondo aún le guardo rencor a Inocencio III,
que habría peleado con gusto las guerras de religión,
solo bajo la certeza de la libertad de culto.

Queda, sin embargo, enseñarles la nomodinámica a los
    iusnaturalistas.
Y educarse en el silencio, eso sobre todo:
dejar de hablar tanto. Nada de esto me ha sido pedido.

Maeterlinck sabía que, para saber de abejas, hay que
    apasionarse por las abejas:
no es la miel la que nos mueve,
es la pasión que nos lleva a entender cómo se hace la miel,
para ser dignos de un trago de miel.

# LA DERROTA

*You never oughtta drink water when it ain't running.*
JOHN STEINBECK, *OF MICE AND MEN*

La sal sobre mis campos han echado:
*viejo cartaginés*
*han llegado a tus tierras los romanos.*

Pero la derrota es,
a su modo, digna.
Y lo es por prosaica, por tozuda.

También lo soy yo.
Frente al polvo y la cal y la ceguera
doy siempre un último grito:
¡la derrota clama por la revancha!

Revanchas no hay.
Esta vez has perdido.

Lávate el rostro polvoriento.
Haz algo por esas quemaduras.
Usa gafas de sol, hombre barbado.
No querrás malbaratar todo de nuevo.

«Deja de ser porfiado».
Si tu abuela viviera, te diría:
«Hombre, ¿has seguido intentándolo pese a todo?
Ven a comer algo, siéntate junto a mí.

Quizás mañana pase. Y si quieres, lo vuelves a intentar.
¿Recuerdas cuando sacábamos agua del pozo de la finca?
Algo así, mi querido».

La derrota:
como el pan de cada día,
como el terreno minado de Bradbury,
como ese inescrutable cuadro que viste en el MoMa,
ahora pide descanso,
no hojarasca.

# CASANDRA

¿Has visto cuánto sacrificio
y dolor, cuánta pena
y desolación, cuánta muerte
ha traído a nosotros el librar esta guerra?

Lo has visto, por supuesto,
pero no te hemos dado oídos.
Rapaces, nosotros.
Predatorios, nosotros.

No hay ya esperanza en tus ojos.
Solo el reflejo de un pútrido
y extenso terreno,
repleto de cuerpos.

# 8 1/2

Afuera del harem, la nieve.
Danzas y baños de dulces mujeres.
Juntas, todas, en el sueño del hombre.
Lentes de carey,
una toga romana,
un sombrero.

Te lo han dicho ya:
no se viene al mundo para ser feliz,
se viene a escuchar el canto de una diomedea,
a caerse de bruces en el mar,
a ahogarse en el tráfico.

Quizás Levi haya dado en el clavo:
tal vez la eternidad sean luces de tránsito.

Se viene, a veces, a mentir.
Tu mujer, tu amante
(*«Le donne che non hai saputo amare mai»*),
todas irán tras de ti. También tu madre.

*Asa Nisi Masa. Asa Nisi Masa.*

Pero un día te redimirás, como si fuese
cierto lo que ha prometido la Escritura:
La mujer de la fuente te verá con ternura.

Pero he aquí lo verdaderamente importante:

Echarás abajo los andamios.
Caerán como has caído.
De un sacudón te despertarás.
Vendrá la música circense.
El megáfono.
Te mirarás cual si hubiese un espejo.
Te verán tus ojos.
Y otro par, más modesto: los ojos del fracaso.

# UN VIEJO PUENTE

Al cruzar este puente,
hecho de piedras anónimas que sostienen un arco celebrado,
vuelvo, sempiterno, al mismo punto de partida.

Dicho puente, que atraviesa de continuo este afluente,
conoce lo que Heráclito ignoraba:
que un río, como también un ser humano,
es y no es siempre el mismo.

Decir que no es posible que yo no sea yo
es aléticamente preciso, y esto es obvio.
¿Pero soy yo, aquí y ahora, el hombre que suspirará por
la vez última?
¿El que al nacer acarició su primer trago de aire?
La respuesta es banal y descarnada:
*sí y no*.

# LA TEORÍA DEL TODO

Acaso no he logrado explicarme.

Tenía en mente la teoría del todo:
la física de partículas y la relatividad en conjunto.

Pero, no...
El hábito de beber, salir, dormir, leer y vagar...
Todo se me ha interpuesto.

Habría deseado edificar algo:
una casa decente,
un libro importante.

Para hacer una casa he debido contratar
arquitectos, bancos, obreros...

Los libros que he escrito descansan en estanterías de madera,
y, como yo, envejecen
(acaso sería mejor destruirlos todos,
incendiarlos en una pira fantástica).

# EL VINO

Hoy, ayer,
sabor de vino amargo.

Huir de la luz del sol,
de las mañanas
y sus discretos transeúntes.

Ruido de una pelea de perros
a lo lejos.

El último hombre sobre la tierra: yo.
Te lo he dicho varias veces, mujer,
mi tristeza, como tú,
carne antes de mi carne, ha conocido el fondo.

Pero del fondo soy
y al mundo vine.

No en vano aquí:
en una breve cama, abrazado a tus piernas.

# ECO

Eco, que repites lo que ya hemos oído,
que incansable devuelves los sonidos ajenos.

Eco, que has visto la muerte de Narciso
hasta irte apagando.

Eco, que pronuncias lo que habría que callar
e insistes, impertérrito, que has de ser escuchado.

Eco, que vuelves sobre ti y tus palabras,
que una tras de otra las vas reproduciendo,
como quien rememora;
deja que el espacio se encargue del mensaje,
que vuela y que decae (como todo en el mundo).

## ACERCA DEL IDEALISMO SUBJETIVO

Otra vez la Muerte coloca una oreja detrás de la puerta
y los escucha charlar.

Lejos de la ciudad ha caído un secoya,
viejo árbol sin memoria.

Y alguien se pregunta –*la pregunta, por lo demás, es estúpida*–
si en verdad ha caído, ya que nadie lo ha visto.

# EL CÍRCULO

Piénsese en un compás –a motor, alimentado con luz
solar– dibujando un círculo.

¿Cuánto soportará la hoja de papel?
¿Cuánto la punta del lápiz?
¿Cuánto el metal?
¿Y cuánto el sol?

¿Qué sucederá si, hasta fagocitarse,
la serpiente se muerde la cola?

# A UNA VIEJA HACIENDA

Un viento que mece los árboles:
el ruido más antiguo que conozcamos.

Un mular que pasta y una arbolada nueva.

Sabes bien que esta casa es la de todos,
que este campo es el de todos:
quiero decir que de aquí surgimos en esencia.

Sabes bien que este techo apenas se sostiene,
que ya no quedan la luz de los candiles
ni la vida pasada de los abuelos.

Aquí Antonia ha de correr y ha de tropezarse.
Aquí la levantaremos y abandonará el llanto.
Aquí conocerá el moral y el caballo.

No hay espacio que en este lugar no nos contenga.
No hay cielo que no haya estado entonces (en los inicios
    del mundo).
No hay otra vida: no hay paraísos ni infiernos.

# LA ENAMORADA DEL MAR

*A Antonia, en Boccadasse*

Aquí donde termina el mar –o donde empieza–
y las montañas comienzan a alzarse con paciencia,
estás tú y el horizonte no te abarca.

Con la mirada nueva
de los que vieron el agua antepasada y poblaron la tierra,
así también tus ojos la contemplan (con un asombro tan
    nuevo como antiguo),
replicando la huella imborrable del mundo que prosigue
desde el mar hasta ti, y viceversa.

# ITALIA

*Italia… terra omnium terrarum alumna eadem et parens.*
GAYO PLINIO SEGUNDO, *NATURALIS HISTORIA*


Con frecuencia me asalta tu recuerdo:
tierra maravillosa, infame, bendita, castigada.
Pasolini quería que te hundieras en el mar, que liberaras
    el mundo…
¿Pero qué sería sin ti?

Nos construiste, nos diste la lengua y la historia,
la música, la belleza y la libertad;
pero un día, revanchista y voraz, nos hundiste a todos,
como siempre tú:
capaz de ensalzarnos y de llevarnos a la porra.

He venido otra vez a pasear por tus calles,
a ser apresado por vericuetos bondadosos,
a contemplar mil veces tus pinturas,
a rogar frente a tus esculturas,
a saborear tu lengua, delicioso manjar que sale (este es
    mi orgullo)
también de mis cuerdas vocales.

He venido a sentir el fango de tus penas,
tu belleza adormecida y tu amorosa decadencia,
tu cariño y tu radical indiferencia.

(Cruzan las ratas:
en la noche medieval
un viejo ruido.)

# A UN CUARTO DE HOTEL

*Una depresión que no se disipaba, sino que se hacía más*
*compacta y familiar, un espacio ocupado, como el triste limbo de*
*las habitaciones de hotel.*

EMMA CLINE, *LAS CHICAS*

Si me fuera dado por un día el don de la profecía,
relataría los escenarios monstruosos de la humanidad
    futura
y también sus redenciones.

Cuarto de hotel, casa de paso.
La mesita de noche guarda las escrituras:
un dios en que no creo, un destino que no veo.

Si me fuera dado por un día el don de la profecía,
sería exactamente el mismo que he sido en ti:
perezoso y hambriento,
tenaz y apesadumbrado.

Servicio a la habitación y botellas de agua gratis:
a la luz de una lámpara, la última cena.

# LOS QUE SE VAN

*Uomini fummo, e or siam fatti sterpi:*
*ben dovrebb'esser la tua man più pia,*
*se state fossimo anime di serpi.*
DANTE ALIGHIERI, *DIVINA COMMEDIA*

Nada hay de malo en ser una zarza,
pero, florentino,
permíteme hacer aún el viaje.

Otórgame la piedad que no tuvo la rama,
el hombre.
¿Y por qué habría de merecer un castigo?
¿No se tiene el derecho a liberarse del padecimiento?

—*¿Entiende acaso un dios lo que es el dolor?*
—*Sin duda, pero no es ya el dios en quien tú piensas.*

# EL HOTEL INFINITO

¿Y qué importa si no tiene usted una reserva?
En una de sus infinitas habitaciones,
hallará siempre un espacio.

¿Pero qué será de usted a la hora del desayuno?
¿Y logrará llegar siquiera a su habitación?
Innumerables son los muertos
que se atiborran
de entre los que recorren la inenarrable distancia.

La administración ha adoptado otra política:
a la llegada del nuevo huésped, todos cambian de habitación;
así, la primera está siempre disponible.

Yo pertenezco al primer grupo,
y solo escribo estas líneas para dejar testimonio:
emprenderé el viaje hacia la salida (o sea, la entrada),
hoy por hoy
es ese el camino de los muertos.

# CENIZA SOBRE CENIZA

*Fair is foul, and foul is fair:*
*Hover through the fog and filthy air.*
WILLIAM SHAKESPEARE, *MACBETH*

He logrado divisar el Vesubio,
darle un lento adiós a Plinio el Viejo.

De los muertos pandémicos me he despedido
con indefectible distancia.

Pero seremos lo mismo y ya no lo seremos,
sobre las cenizas de este planeta carcomido por el sol.

Flotaremos por el espacio:
huellas de la muerte acaecida, dadores universales de vida.

(«IO FU GIÀ QUEL CHE VOI SETE:
E QUEL CH'I SON VOI ANCOR SARETE».)

## LOS QUE SON NÚMEROS
## Y LOS QUE NO LO SON

En una hoja escribiré,
de cada lado,
que lo que dice del otro lado no es cierto
(así soñó el galés).

Se refiere a sí misma la aserción
que el falsario ha dicho y contradicho.

Y hay y no hay un conjunto que contiene,
en su interior,
a aquellos que a sí mismos no se tienen,
encerrándose también en su habitáculo.

Aprendiendo a sumar
hallarás luego
que hay algo cierto
que no se ha de probar (aunque se busque),
que no hay sistema –o mente– capaz del absoluto.

# HUMPTY DUMPTY

*Cuando yo uso una palabra, significa exactamente lo que yo quiero... ni más ni menos.*
LEWIS CARROLL, *A TRAVÉS DEL ESPEJO*

Gloria, raqueta, cuadrado y geometría euclidiana.
Todo, para mí, significa esperanza (o agua).

Desesperadamente he pedido ayuda,
como si me estuviera ahogando.

Para mi sorpresa, siempre pude pisar el suelo.
Cuando yo digo "suelo"
–está por demás decirlo–
significa exactamente lo que quiero decir...
ni más ni menos.

# POEMA A MI CIUDAD

Son lejanas las luces que se pierden en las laderas,
allá donde no llega el agua.

Es esta mi ciudad:
una ráfaga cien veces repetida
y en el fondo un avión intermitente.

Oscuridad aún, vuelve la noche.
Solo un ligero ronronear del gato.
Un sonido apenas perceptible,
como soñar con una libélula.

Y después, en plena noche,
un ladrido a lo lejos: el perro que ayer has perdido.

El silencio está donde no ha sido pronunciado,
lo sabe cualquiera.

# UN VIAJE EN AVIÓN

Erróneamente,
pensaba que habría de dormir
mejor
en la primera clase
(solo porque era la primera clase).

Iluso.

No, señor.
No es así que funciona.
Recuerde usted al empleado del Dr. Jekyll:
*hay otros tantos enemigos del buen descanso.*

Acaso podría funcionar
un sonmífero propicio,
o, quizás solamente, la propia muerte
(pero ese no es –se sabe–
un descanso genuino:
quien descansa, se despierta fresco del reposo;
quien muere, no despierta más, y entonces
no descansa, no reposa,
y no importa ya en qué clase viaje,
ni los cargos de consciencia,
ni la niñez difícil).

—*Oh, padre, ¿existe un pecho amoroso para el descanso eterno?*
—*No, solo las luces de tránsito que se extienden en tus ojos*
   *astigmáticos.*

# EL ESPEJO

No somos ya lo que hemos sido.
No es el espejo el que ha de revelarlo.
Es algo muy nuestro:
no ya el esqueleto,
la arruga o las canas de la barba;
algo baladí,
en realidad no verificable (el sueño de un rufían,
de una religión o de un filósofo continental).

No he de decir que allí no hay felicidad.
Solo el que ha sido triste lo sabe.
No hablo de estar triste,
hablo de serlo,
como un hábito de vida,
como lavarse los dientes a la noche y escupir lo que resta.

No tengo nostalgia de mi estirpe:
lejanos nombres y lejanos hombres que cruzaron los ríos,
ni de aquellas mujeres de nombre perdido que añoro
(añorar no quiere decir conocer).

¡Piedad, piedad!
Ya no encuentro el camino en el laberinto azul y rojo.
Ya no hallo la paz en el vino añoso, ni en la lujuria.

Solo soy capaz del amor terreno.
Pero no del perdón,
pero no del olvido.

Y he caído,
*«como cae un cuerpo muerto»,*
Y me he levantado,
*«otras diez, otras cien, otras quinientas…»*

Y allí voy de nuevo,
para comenzar como comienza una célula:
duplicándose.

# EL SABOR DEL SAKE

El viejo maestro que se embriaga,
la hija amorosa que te cuida,
que por ti vela y que te honra,
la última guerra ya perdida
y la música de los tuyos que se extingue,
como el tiempo que avanza:
laberíntico, feroz, inderrotable.

# EL PERRO

De los días lejanos de los antepasados has venido,
compañero de siglos que pasan instantáneos,
repitiendo una escena, dormido.

Vuelven los bárbaros, vuelven los foráneos.
Una serie de ladridos anuncian su llegada.
Volverán para heredar los códigos justineaneos.

En tus ojos habita la vieja tierra labrada
y los canes que cuidan de los rebaños.
En tus ojos está también esa otra mirada:

la del perro anciano que conoce tus años.
También la mirada última del mundo
de los viejos distantes y ermitaños.

Ha sido todo el camino fecundo,
para llegar aquí: a esta casa, a este peldaño,
tú, sobre tus patas, en sueño profundo.

# VERDAD Y EQUIVALENCIA

(1) K. es K.
(2) K. es el carnicero más famoso de Palermo.

(1) y (2) son verdaderas y equivalentes.

Pues bien, sabíamos *a priori* que (1) es verdadera,
salvo que nada nos dice;
(2), en cambio, nos ofrece información.

> (Hay que tenerlo en cuenta si,
> además de aprender lógica,
> queremos organizar un asado.)

—*El 40% de las personas que aplica a estos fondos obtiene
el financiamiento.*
—*¡Qué bien!*
—*El 60% de las personas que aplica a estos fondos no obtiene
el financiamiento.*
—*¡Qué mal!*

> (Usted, mi amigo, ha caído en la trampa.
> Pim, pum, pam... D'oh!)

# LA CAUSA

*Il senso ultimo a cui rimandano tutti i racconti ha due facce: la
continuità della vita, l'inevitabilità della morte.*

ITALO CALVINO,
*SE UNA NOTTE D'INVERNO UN VIAGGIATORE*

Del dolor y la tragedia
también se ha hecho el mundo,
que es fuerza y es caos.

La causalidad que todo lo establece
y todo lo arrebata.

El tiempo del amor y de la pérdida.

Caer como cae un objeto,
a velocidad constante.

Conciliar por fin el sueño,
levantarse descansado.

Es deber de vida,
reposar.

Llegará, sin embargo, la hora de la hora:
un cuerpo hermoso que ofrecer
a la ciencia o a la tierra.

Para cumplir un ciclo
y volver al aire.

Inevitablemente, dejaré varios pendientes.
Habrá que abandonarlos a todos en su rabia,
en su lágrima, en su pendencia,
olvidar cada poema mío.

# ÍNDICE